Adriana Dorsett & Henning Löhlein

Wie Weihnachten beinahe ausfiel

cadeau

Am Morgen des vierundzwanzigsten Dezembers fielen Schneeflocken sacht vom Himmel herunter. Als der Weihnachtsmann die Augen aufschlug, erblickte er einen Zettel. Aber was er las, war keine gute Nachricht, sondern erfüllte ihn mit Schrecken.
Die Rentiere waren weg, ohne ein Wort zu sagen, ohne einen Kuss, ohne auch nur zu winken. *Es tut uns leid und tschüss.*

»Warum sind die Rentiere abgehauen?«, polterte der Weihnachtsmann mit seiner sagenhaften Donnerstimme. »Wie soll ich ohne sie klarkommen? Ich brauche sie heute noch zurück!«
Der Weihnachtsmann wusste, was er zu tun hatte: Er läutete mit seiner magischen Glocke, und in einer Wolke aus Sternenstaub erschien die Feenkönigin.

Europäische Akademie
der Kaninchenzüchter
1.
Platz
wie immer

Der Weihnachtsmann hatte mit dem kleinen süßen Norbert und den Rentieren, die bei ihm wohnten, zu einem großen Fest geladen, einem Wiedersehen mit all seinen Märchenfreunden: dem Sandmann, dem Bösen Wolf, dem Glücksschwein, den Zwergen, der Osterhäsin und dem Froschkönig. Alle waren gekommen, um heute Nacht Weihnachten zu feiern.
Und ausgerechnet jetzt, da er seinen Schlitten beladen musste, waren die Rentiere auf und davon.

»Ich habe nichts damit zu tun«, jaulte der Böse Wolf. »Vielleicht sind sie beim Angeln am See.«
»Oder sie sind im tiefen, tiefen Wald«, warfen die Zwerge ein.
»Vielleicht spielen sie uns auch einfach nur einen Streich – oder dies ist ein seltsamer, wunderlicher Traum«, ergänzte der Sandmann.

Aber dem Weihnachtsmann schwante Böses. »Ihr alle, ihr wisst viel mehr, als ihr zugebt. Hätten die Rentiere zum Angeln gewollt, wären sie nicht so schnöde verschwunden.«

»Wer von euch hat unsere großen, gutmütigen Freunde geärgert?«,
fragte ein ungewöhnlich ernster Weihnachtsmann.

Die Zwerge fingen an zu weinen, während der Weihnachtsmann ungehalten durch den Raum stapfte. »Ich werde euch befragen, einen nach dem anderen. So werden wir der Sache schon auf die Spur kommen.«
»Und wir können die Gelegenheit gleich nutzen, um uns ein bisschen besser kennenzulernen«, fügte die Feenkönigin sanft hinzu.

Der Weihnachtsmann rief tatsächlich einen nach dem anderen in sein Büro, um zu erfahren, was sie wussten. Als Erstes war das Glücksschwein dran. »Wir mögen unsere großen Freunde«, sagte es. »Es liegt nicht an uns, wenn sie uns nicht mögen. Warum fragst du nicht den Bösen Wolf?« Dann verstummte das Glücksschwein. »Wir wissen alle, es liegt am Bösen Wolf, an seinem ruppigen Bellen und seinem Zähneblecken«, sagte der Sandmann der Feenkönigin. »Es liegt bestimmt an ihm. Das sieht man gleich.«

»Merkwürdig ...«, sagte die Feenkönigin und schwenkte ihren Zauberstab.

»Nun, Böser Wolf: Nicht nur der Sandmann meint, du wärst schuld.«
Sie hüstelte und stieß dabei eine kleine Garbe Sternchen aus.
Dann forderte sie den kleinen süßen Norbert auf, die Liste der Schandtaten des Bösen Wolfes vorzulesen.

Nehmen ohne zu geben; immer recht haben, nie unrecht; sich nie entschuldigen; Sachen kaputtmachen und es nicht sagen; lachen, wenn andere hinfallen; Ideen anderer schlechtmachen, nur weil es nicht die eigenen sind ...

Es war eine sehr lange Liste.

Nach ungefähr einer halben Stunde hörte Norbert auf vorzulesen. Den Tränen nahe, äußerte sich der Wolf dazu. »Ich weiß, das hört sich schlimm an – aber diesmal war ich weder gemein noch unhöflich. Die Schuld wird immer mir in die Schuhe geschoben, auch wenn ich mich gut benehme. Ihr nennt mich alle Böser Wolf, und so entspreche ich eurem Bild dann auch. Ein Böser Wolf mit einem anderen Namen wäre wahrscheinlich gut. Ich möchte gut sein, wirklich, aber ich bin gefangen in meinem schlechten Ruf.«
Die Feenkönigin tätschelte den Wolf und lächelte beruhigend. Sie verstand, was er meinte.

Bei Lichte betrachtet war der Böse Wolf längst nicht der Einzige, der gern Streiche spielte: Der Froschkönig küsste unverfroren Prinzessinnen, wohl wissend, dass er sich nie in einen Prinzen verwandeln würde; die Osterhäsin naschte immer viel zu viele Schokoladeneier, die sie eigentlich austragen sollte; und der Sandmann schlummerte ganze Nächte in seinem Bett. Tatsache war, dass die Märchenfiguren allerhand machten, was sie eigentlich nicht sollten. Und sie beschuldigten den Bösen Wolf, weil es so schön praktisch war.

Der Weihnachtsmann saß da und verzweifelte. Sie waren keinen Schritt weitergekommen, und es war schon fast halb drei. Bald musste der Weihnachtsmann seinen Mantel überziehen und im Sternenlicht weit und breit Geschenke verteilen. Aber ohne die Rentiere kam ihm seine Aufgabe wie ein unbezwingbarer Berg vor.

Zum Glück hatte die Feenkönigin eine Idee. Sie schwenkte ihren Zauberstab, und plötzlich fanden sich alle Märchenfiguren draußen vor der Tür wieder. Vor ihnen stand der Schlitten, und überall im Schnee verstreut lagen die vielen Geschenke. »Ihr packt jetzt den Schlitten«, bestimmte die Feenkönigin. »Wir haben keine Zeit zu verlieren.«

Anstatt jedoch die Geschenke auf den Schlitten zu laden, stritten sich die Märchenfiguren. Alle hatten ein schlechtes Gewissen, weil sie keineswegs immer nett zu den Rentieren gewesen waren. Sie erinnerten sich der Blicke, die sie den Rentieren zugeworfen hatten, der Wörter, die sie mal gesagt hatten ... Jeder hoffte, die Schuld am Verschwinden der Rentiere werde nicht ihm zufallen.

Der kleine süße Norbert sank auf die Knie. »Bitte kommt doch wieder!«, flehte er. Und da jede einzelne Märchenfigur dies auch wollte, vereinten sich ihre magischen Kräfte. Die Zauberkraft der Feenwelt half freundlicherweise nach. Und da erschienen sie!

Der Weihnachtsmann betrachtete die merkwürdig teilnahmslos dastehenden Rentiere nachdenklich. »Na also! Nun wollen wir mal hören. Was ist los?«, fragte er die kräftigen, braunen Tiere. Die aber ließen störrisch die Köpfe hängen und antworteten nicht. »Also, jetzt reicht's mir aber«, polterte der Weihnachtsmann. »Ihr sagt mir sofort, was los ist, oder ich esse euch alle zum Mittag auf!«

Daraufhin hoben die Rentiere die Köpfe und erzählten: »Wir hielten es nicht mehr aus, von den anderen beschimpft zu werden. Keiner von ihnen mochte uns. Sie sagten, wir würden zu viel essen, furzen und schnarchen. Der Böse Wolf im Besonderen, er machte uns richtig Angst, und deshalb liefen wir weg.«

»Du gemeiner Böser Wolf!«, brüllte der Weihnachtsmann. Gleichzeitig aber schrien die anderen Märchenfiguren durcheinander: »Nein! Wir fanden sie überhaupt nicht blöd. Die Rentiere sind es, die uns nicht mögen!«

»Sie haben gesagt, ich würde doofe Hosen tragen und mies tanzen!«
»Sie haben rumerzählt, ich würde schlecht riechen und meine Zähne nie putzen!«
Zum Schluss reagierte der Böse Wolf. »So ein Quatsch zu behaupten, ihr hättet Angst vor mir. Jeder hat meine Tränen gesehen, als ich gehört habe, dass ihr weggelaufen seid!«

»Sehr merkwürdig. Wer hat bloß all diese hässlichen Sachen in die Welt gesetzt?«, fragte der Weihnachtsmann.
Und wie aus einem Munde antworteten alle: »Er war es! Er!«
Und sie wiesen auf Norbert, über dessen Kopf sich eine dicke Wolke Feenstaub zusammenballte.
Der Weihnachtsmann war bestürzt. Wie falsch hatte er gelegen!

»Also gut«, sagte Norbert mit einem entwaffnenden Lächeln. »Ich gebe zu, die Sache ist nicht ganz so, wie sie zu sein scheint.« Dann, von einem Fuß auf den anderen tretend, beichtete er: »Es lag daran, dass du mich Puschelkuschel nennst und immer erwartest, dass ich lieb und brav bin. Nie gibst du mir die Schuld für irgendetwas, auch dann nicht, wenn ich es verdient hätte. Du nimmst mich einfach nicht ernst. Stattdessen tätschelst du meinen Kopf, kneifst in meine Wangen und behandelst mich wie ein Baby, dem man den Bauch kitzelt, damit es lächelt.

Aber es ist unfair zu erwarten, jemand würde nie etwas Falsches machen. Ich bin nicht einfach nur süß. Ob Sachen richtig oder falsch sind, dessen kann man sich nie so sicher sein.«

Norbert hörte auf herumzuzappeln und begann zu weinen. »Es fing als Spaß an, irgendwie. Ich habe nur eine kleine Lüge erzählt. Dann habe ich gemerkt, dass ich das nicht zugeben kann. Und so kam eine Lüge nach der anderen ... Wie auch immer, es tut mir leid. Wirklich, was ich getan habe, tut mir leid.«

Der Weihnachtsmann schüttelte seinen Kopf und stieß betroffen die Luft aus. Die dicke Wolke Feenstaub verteilte sich in tausend Sterne über den Himmel.
Der Weihnachtsmann sagte mit belegter Stimme: »Liebe Rentiere und Norbert, meine Freunde, ihr seid mein Ein und Alles. Und ein Missverständnis zu Weihnachten, nun, das zeigt doch, dass wir wie eine richtige Familie sind.« Eine Träne lief ihm über die Wange.

»Ihr, Rentiere, solltet künftig nicht jedem eine Bosheit einfach abnehmen. Die Wahrheit – wie Norbert eben sagte – liegt nicht immer auf der Hand. Und du, Norbert, und du, Böser Wolf: Bei euch beiden muss ich mich entschuldigen, weil ich nicht verstanden habe, dass die Bösen nicht immer böse und die Guten nicht immer gut sind.«

Die Sonne ging allmählich unter, während sich auf dem verschneiten Platz Verzweiflung in Freude verwandelte. Der Weihnachtsmann umarmte die Rentiere, den Bösen Wolf und Norbert. Und alle fühlten, dass sie nun bessere Freunde als je zuvor waren. Dann machten sie sich in großer Eile an die Arbeit und halfen dem Weihnachtsmann, den Schlitten vollzuladen. Denn der Weihnachtsabend brach an.

1. Auflage 2010

www.hoca.de
Text: Adriana Dorsett
Illustration: Henning Löhlein
Einbandgestaltung:
katrinsteigenberger.de
Druck und Bindung:
Offizin Andersen Nexö, Leipzig
Printed in Germany
ISBN 978-3-455-38078-1

HOFFMANN UND CAMPE

Ein Unternehmen der
GANSKE VERLAGSGRUPPE